GNIE DES AVOUÉS PRÈS LE TRIBUNAL CIVIL DE BEAUVAIS (OISE)

FORMULES

DES

CHARGES, CLAUSES ET CONDITIONS

EN MATIÈRE DE VENTES JUDICIAIRES

BEAUVAIS

IMPRIMERIE CENTRALE ADMINISTRATIVE

15 — PLACE ERNEST-GÉRARD — 15

COMPAGNIE DES AVOUÉS PRÈS LE TRIBUNAL CIVIL DE BEAUVAIS (OISE)

FORMULES

DES

CHARGES, CLAUSES ET CONDITIONS

EN MATIÈRE DE VENTES JUDICIAIRES

BEAUVAIS

IMPRIMERIE CENTRALE ADMINISTRATIVE

15 — PLACE ERNEST-GÉRARD — 15

DÉLIBÉRATION

RELATIVE AUX

FORMULES DES CHARGES, CLAUSES ET CONDITIONS

EN MATIÈRE DE VENTES JUDICIAIRES

SÉANCE DU 16 AOUT 1876

La Corporation des Avoués près le Tribunal civil de Beauvais,

Sur la présentation qui lui a été faite par sa Chambre de discipline de nouvelles formules par elle dressées, des charges, clauses et conditions en matière de ventes judiciaires;

Considérant qu'il y a lieu d'apporter certains changements et additions aux formules votées dans la séance de la Compagnie des Avoués, du 27 avril 1849, soit par suite des lois promulguées depuis cette époque, soit en raison des lacunes que la pratique a signalées;

Après avoir entendu la lecture du projet à elle présenté et l'avoir discuté successivement dans chacun de ses articles,

ARRÊTE :

ARTICLE 1er.

Le projet préparé par la Chambre de discipline sera désormais la formule invariable des charges, clauses et conditions des ventes judiciaires d'immeubles devant le Tribunal civil de Beauvais. Il sera immédiatement imprimé et adressé, en cinq exemplaires, à chacun des Membres de la Compagnie, qui sont invités à faire que leurs Études le prennent pour règle dans les poursuites judiciaires.

ARTICLE 2

Toutes modifications des clauses, toutes additions ou conditions particulières, ne pourront jamais être intercalées parmi les clauses des formules présentement adoptées par la Compagnie; elles devront faire l'objet d'un dire spécial postérieur au dépôt du cahier des charges.

ARTICLE 3

La présente délibération recevra son exécution à partir du 1er septembre 1876.

Fait et arrêté en Assemblée générale, les jour, mois et an susdits.

Et ont signé :

DESMAREST, *président;* RAVIART, *syndic;* BRACONNIER, *rapporteur;* MERCIER, *secrétaire;* NEVEU, HAYÉ, ROUYER, BULLOT, DEGAGNY, FAGLIN et CORBIER.

FORMULE

DES

CHARGES, CLAUSES ET CONDITIONS

EN MATIÈRE

DE VENTES SUR SAISIE IMMOBILIÈRE

CONDITIONS DE LA VENTE

ARTICLE 1er

Mode de la Vente

Les biens présentement mis en vente seront criés par lots tels qu'ils sont composés. Néanmoins le poursuivant, la partie saisie ou les créanciers inscrits pourront demander avant l'adjudication, la division des lots ou la réunion de tout ou partie, sauf par le Tribunal à statuer sur l'utilité de cette demande en cas de désaccord entre les intéressés.

S'il y a deux adjudications successives, la plus élevée des deux restera seul valable et transmettra la propriété à l'enchérisseur.

ARTICLE 2

Transmission de Propriété

L'adjudicataire sera propriétaire par le seul fait de l'adjudication; il prendra les biens dans l'état où ils seront au jour de cette adjudication, sans pouvoir prétendre à aucune dimi nution de prix, ni à aucune garantie ou indemnité contre le poursuivant, la partie saisie ou ses créanciers, pour raison de l'étendue superficielle des immeubles, lors même que la différence excéderait un vingtième, non plus que pour surenchères, dégradations, réparations, erreurs dans la désignation, dans la consistance ou dans la contenance, ni même à raison de la mitoyenneté des murs séparant les dits biens des propriétés voisines.

ARTICLE 3

Servitudes

L'adjudicataire, soit qu'il y ait ou non déclaration, jouira des servitudes actives et souffrira les servitudes passives, occultes ou apparentes, ainsi que l'effet des clauses dites domaniales, sauf à faire valoir les unes et à se défendre des autres, à ses risques, péril et fortune, sans aucun recours contre le poursuivant, la partie saisie ou ses créanciers, et sans que la présente clause puisse attribuer soit à l'adjudicataire, soit aux tiers, d'autres et plus amples droits que ceux résultant des titres ou de la loi.

ARTICLE 4

Entrée en jouissance et intérêts

L'adjudicataire entrera en jouissance, soit réellement, soit par la perception des loyers en cas de location, à partir du jour de l'adjudication.

Il paiera les intérêts de son prix à raison de cinq pour cent par an, sans aucune retenue, à compter de la même époque jusqu'à sa libération intégrale. — En cas de vente sur surenchère du sixième, les intérêts courront à partir seulement du jour de la seconde adjudication, qui sera le point de départ de l'entrée en jouissance.

ARTICLE 5

Contributions

L'adjudicataire supportera les contributions ou charges de toute nature dont les biens sont ou seront grevés, à compter du jour fixé pour son entrée en jouissance.

ARTICLE 6

Baux et Locations

L'adjudicataire sera tenu d'exécuter les locations verbales pour le temps qui en restera à courir au moment de l'adjudication, d'après l'usage des lieux.

Il sera tenu également d'exécuter, pour le temps qui en restera à courir, les baux faits par la partie saisie; toutefois, ceux desdits baux qui n'auront pas acquis date certaine avant le commandement pourront être annulés, si les créanciers ou l'adjudicataire le demandent.

L'adjudicataire sera d'ailleurs subrogé aux droits des créanciers pour faire annuler, s'il y a lieu, les baux qui auraient été faits en fraude des droits de ceux-ci.

Il tiendra compte, en sus et sans diminution de son prix, aux différents locataires, des loyers qu'ils justifieront avoir payés d'avance et qui auront été déclarés soit dans le présent cahier des charges, soit dans un dire avant l'adjudication. A défaut de déclaration, l'adjudicataire tiendra compte aux locataires des loyers qu'ils justifieront avoir régulièrement payés d'avance, et il en retiendra le montant sur le prix principal de son adjudication.

ARTICLE 7

Assurance contre l'incendie

L'adjudicataire devra entretenir, à partir du jour de son entrée en jouissance et pour tout le temps qui en resterait à courir, toute police d'assurance contre l'incendie qui aurait pu être contractée. Il en paiera, s'il y a lieu, à partir de la susdite entrée en jouissance, les primes et droits, de manière que les vendeurs ne puissent être aucunement poursuivis, inquiétés ni recherchés.

ARTICLE 8

Droits d'Enregistrement et autres

L'adjudicataire acquittera en sus et sans diminution du prix principal, les droits d'enregistrement, le coût du jugement d'adjudication et les autres frais auxquels cette adjudication peut donner ouverture.

ARTICLE 9

Frais de Poursuites et autres

L'adjudicataire paiera en diminution de son prix, les frais faits pour parvenir à la vente des immeubles, selon la taxe faite en la matière accoutumée, ainsi que, eu égard au nombre des lots vendus, les vacations allouées aux Avoués et aux Huissiers par la loi du 2 juin 1841 et le tarif du 10 octobre même année.

Ce paiement aura lieu dans les dix jours de l'adjudication, entre les mains et sur la quittance de l'avoué poursuivant, au marc le franc des lots vendus.

Il paiera également dans le même délai, entre les mains et sur la quittance de l'avoué, et en sus de son prix, le montant de la remise proportionnelle accordée par la loi.

La grosse du jugement d'adjudication ne pourra être délivrée par le greffier du tribunal qu'après la justification de la quittance desdits frais, qui demeurera annexée au jugement d'adjudication.

ARTICLE 10

Levée, Transcription et Signification du Jugement

L'adjudicataire lèvera une grosse ou expédition du jugement d'adjudication, la fera transcrire, dans les quarante-cinq jours, au bureau des hypothèques dans l'arrondissement duquel sont situés les biens; il la fera aussi signifier, si bon lui semble, à la personne ou au domicile du saisi, le tout à ses frais.

Dans le cas où parmi les biens vendus il s'en trouverait d'un prix ne dépassant pas 1,000 francs, l'avoué de l'adjudicataire dont le prix ou les prix réunis atteindraient la plus forte somme, lèvera une grosse ou une expédition collective, tant pour son client que pour les adjudicataires des lots n'excédant pas 1,000 francs, à moins que ceux-ci ne lui aient, dans un délai de quinzaine à partir du jour de l'adjudication, fait connaître leur intention de lever une expédition séparée.

Les frais de l'expédition collective et autres qui seront nécesaires, seront supportés entre tous les adjudicataires, au marc le franc de leurs prix respectifs.

ARTICLE 11

Communication du jugement et de l'état d'inscriptions et ouverture de l'ordre

Dans la huitaine qui suivra la transcription, et au plus tard dans les deux mois à partir du jour de la vente, l'adjudicataire devra remettre à l'avoué poursuivant, sur simple récépissé, la grosse ou expédition du jugement et l'état qu'il aura dû requérir sur la transcription; il lui sera tenu immédiatement compte des déboursés de cet état.

Faute par l'adjudicataire de remettre les pièces dont il s'agit dans le délai de deux mois, le poursuivant, le saisi ou les créanciers inscrits pourront se faire délivrer une grosse dudit jugement d'adjudication, la faire transcrire et la faire signifier aux frais de l'adjudicataire, et cela trois jours après une mise en demeure dont le coût restera à la charge de celui-ci, sans être obligé de remplir les formalités prescrites par la loi pour parvenir à la délivrance d'une deuxième grosse.

Si l'état qui sera levé sur la transcription révèle l'existence d'inscriptions, l'avoué poursuivant, dans la huitaine de la remise des pièces entre ses mains, et après ce délai, l'avoué du créancier le plus diligent, de la partie saisie ou de l'adjudicataire, déposera au greffe l'état des inscriptions, requerra l'ouverture du procès-verbal d'ordre, et la nomination d'un juge-commissaire.

ARTICLE 12

Paiement du Prix

Après l'expiration du délai de quatre mois, à partir du jour de son adjudication, l'adjudicataire, qu'il ait ou non rempli toutes les formalités ci-dessus indiquées, sera tenu de payer son prix en principal et intérêts à la partie saisie, aux créanciers inscrits ou aux délégataires, sans pouvoir faire ce paiement par anticipation. Le paiement aura lieu dans le canton de la situation des immeubles ou dans celui où se trouve la majeure partie des immeubles, néanmoins les frais de poursuite de l'ordre pour lesquels collocation sera faite sur l'adjudicataire seront payables par lui au domicile de l'avoué poursuivant.

Toute partie intéressée pourra, après le délai de quatre mois, faire ordonner la consignation des prix et des accessoires.

ARTICLE 13

Prohibition de détériorer les immeubles vendus

Avant le paiement intégral de son prix, l'adjudicataire ne pourra faire aucun changement notable, aucune démolition, coupe extraordinaire de bois, aucune modification dans le mode de culture des biens mis en vente, ni commettre enfin aucune dégradation dans lesdits biens, à peine d'être immédiatement contraint à la consignation de son prix, même par la voie de folle-enchère.

ARTICLE 14

Titres de Propriété

L'adjudicataire ne pourra exiger du poursuivant aucun titre de propriété des immeubles saisis. Quant à ceux dont il pourra avoir besoin, il demeurera subrogé dans les droits des précédents propriétaires pour s'en faire délivrer des expéditions ou extraits, à ses frais, sans aucun recours contre le poursuivant, le saisi ou les créanciers.

ARTICLE 15

Réception et taux des enchères

Les enchères ne seront reçues, conformément à l'article 705 du Code de procédure civile, que par le ministère d'avoués; elles ne pourront être moindres de 5 francs jusqu'à 100 francs; de 10 francs depuis 100 francs jusqu'à 500 francs; de 25 francs depuis 500 francs jusqu'à 2,000 francs; de 50 francs depuis 2,000 francs jusqu'à 10,000 francs; et de 100 francs au-delà.

ARTICLE 16

Des Commands et des Coadjudicataires

Dans le cas où l'adjudicataire userait de la faculté de déclarer command, ceux qu'il se sera substitués en totalité seront obligés solidairement avec lui au paiement de la totalité du prix et à l'accomplissement des charges de l'enchère.

Si la déclaration de command n'est que partielle, le privilège, l'action résolutoire, la folle-enchère et tous autres droits réels des vendeurs resteront indivisibles, mais le command ne sera tenu personnellement que jusqu'à concurrence du prix résultant de la déclaration partielle.

Les coadjudicataires seront obligés solidairement au paiement du prix et à l'exécution des conditions de l'adjudication.

ARTICLE 17

Election de domicile des adjudicataires et attribution de juridiction

Le domicile de chaque adjudicataire sera irrévocablement élu, pour tout ce qui concernera l'adjudication et ses suites, à Beauvais, en l'Étude de l'avoué par le ministère duquel il aura enchéri et se sera rendu adjudicataire, auquel domicile toutes significations et autres actes seront donnés, nonobstant décès, révocation et autres choses quelconques; et ce, jusqu'à l'exécution pleine et entière des clauses et conditions de l'adjudication, et le paiement du prix d'icelle. Cependant le domicile pourra être changé par une nouvelle élection en l'Étude d'un autre avoué du Tribunal, mais ce changement ne pourra avoir lieu que par un dire fait au bas de l'enchère et n'aura d'effet que du jour où la déclaration en aura été faite au poursuivant, au domicile de son avoué.

Les dites élections de domicile fixeront, entre les parties, les adjudicataires ou les ayant-cause, le bureau de conciliation et la juridiction, de même que si lesdits domiciles étaient leurs véritables demeures.

Le poursuivant fait élection de domicile, pour l'exécution des clauses de l'adjudication, en l'Étude de Mᵉ ...... , lequel est constitué et continuera d'occuper pour lui sur la poursuite de vente dont s'agit.

Aucune signification et même aucune offre réelle ne pourra être faite qu'à ce domicile. Cette élection de domicile sera attributive de juridiction, comme celle des adjudicataires.

Article 18

Folle-Enchère

A défaut par l'adjudicataire d'exécuter l'une des clauses et conditions de l'adjudication, de payer son prix ou de faire la consignation prescrite par l'article 12 ci-dessus, le poursuivant, la partie saisie ou ses créanciers inscrits pourront faire revendre les biens par folle-enchère dans les formes prescrites par les articles 733 et suivants du code de procédure civile.

Si le prix de la nouvelle adjudication est inférieur à ce qui sera dû alors en principal et intérêts sur le prix de la première, le folenchérisseur sera contraint au paiement de la différence en principal et intérêts par toutes les voies de droit, conformément à l'article 740 du code de procédure civile.

Dans le cas où le prix principal de la seconde adjudication

serait supérieur à celui de la première, la différence appartiendra à la partie saisie et à ses créanciers.

Dans aucun cas le fol-enchérisseur ne pourra répéter, soit contre le nouvel adjudicataire, soit contre les vendeurs, auxquels ils demeureront acquis à titre de dommages-intérêts, les frais de poursuite de vente, ni ceux d'enregistrement, de greffe et d'hypothèque qu'il aurait payés, et qui profiteront au nouvel adjudicataire, lequel n'aura, en conséquence, ni à les payer ni à en tenir compte à personne.

L'adjudicataire sur folle-enchère devra les intérêts de son prix, du jour de l'adjudication à lui faite, sauf le recours de la partie saisie ou de ses créanciers contre le fol-enchérisseur, pour les intérêts courus dans l'intervalle de la première à la seconde adjudication.

Il devra faire transcrire son jugement d'adjudication dans les termes de l'article 10 du présent cahier de charges.

Aux effets ci-dessus, le poursuivant, la partie saisie et ses créanciers inscrits auront le droit de se faire délivrer, dans les formes prescrites par ledit article 10, et aux frais de l'adjudicataire fol-enchéri, une grosse du jugement d'adjudication, sans préjudice de toutes autres voies d'exécution.

Article 19

Mises à Prix

Outres les charges, clauses et conditions ci-dessus, les enchères seront reçues sur les sommes formant les mises à prix fixées par le poursuivant, savoir :

Pour l'article 1er, à ...., etc.

Fait et rédigé, à Beauvais, le ...., par Me ....., avoué poursuivant.

FORMULE

DES

CHARGES, CLAUSES ET CONDITIONS

EN MATIÈRE

DE VENTES JUDICIAIRES

AUTRES QUE CELLES SUR SAISIE IMMOBILIÈRE

CONDITIONS DE LA VENTE

ARTICLE 1er

Mode de la Vente

Les biens présentement mis en vente seront criés par lots tels qu'ils sont composés. Néanmoins, le poursuivant ou les co-licitants pourront demander, avant l'adjudication, la division des lots ou la réunion de tout ou partie, sauf par le Tribunal à statuer sur l'utilité de cette demande en cas de désaccord entre les vendeurs.

S'il y a deux adjudications successives, la plus élevée des deux restera seule valable et transmettra la propriété à l'enchérisseur.

ARTICLE 2

Transmission de Propriété

L'adjudicataire sera propriétaire par le seul fait de l'adjudication; il prendra les biens dans l'état où ils seront au jour de cette adjudication, sans pouvoir prétendre à aucune diminution de prix, ni à aucune garantie ou indemnité contre les vendeurs, pour raison de l'étendue superficielle des immeubles, lors même que la différence excéderait un vingtième, non plus que pour surenchères, dégradations, réparations, erreurs dans la désignation, dans la consistance ou dans la contenance, ni même à raison de la mitoyenneté des murs séparant lesdits biens des propriétés voisines.

Article 3

Servitudes

L'adjudicataire, soit qu'il y ait ou non déclaration, jouira des servitudes actives et souffrira les servitudes passives, occultes ou apparentes, ainsi que l'effet des clauses dites domaniales, sauf à faire valoir les unes et à se défendre des autres, à ses risques, péril et fortune, sans aucun recours contre les vendeurs, et sans que la présente clause puisse attribuer, soit aux adjudicataires, soit aux tiers, d'autres et plus amples droits que ceux résultant des titres ou de la loi.

Article 4

Entrée en jouissance et Intérêts

L'adjudicataire entrera en jouissance, soit réellement, soit par la perception des loyers en cas de location, à partir du jour de l'adjudication.

Il paiera les intérêts de son prix à raison de cinq pour cent par an, sans aucune retenue, à compter de la même époque jusqu'à sa libération intégrale.

En cas de vente sur surenchère du sixième ou du dixième, les intérêts courront à partir seulement du jour de la seconde adjudication qui sera le point de départ de l'entrée en jouissance.

ARTICLE 5

Contributions

L'adjudicataire supportera les contributions ou charges de toute nature dont les biens sont ou seront grevés, à compter du jour fixé pour son entrée en jouissance.

ARTICLE 6

Baux et Locations

Si les biens présentement mis en vente sont loués, il sera donné connaissance des baux et locations par un dire qui sera inséré avant l'adjudication à la suite du présent cahier des charges.

L'adjudicataire sera tenu d'exécuter ces baux et locations pour le temps qui en restera à courir.

Il tiendra compte, en sus et sans diminution de son prix, aux différents locataires, des loyers qu'ils auraient payés d'avance et qui auront été déclarés avant l'adjudication.

A défaut de déclaration, il tiendra compte aux locataires des loyers qu'ils justifieront avoir payés d'avance, et il en retiendra le montant sur le prix principal de son adjudication.

ARTICLE 7

Assurance contre l'incendie

L'adjudicataire devra entretenir, à partir du jour de son entrée en jouissance, et pour tout le temps qui en resterait à courir, toute police d'assurance contre l'incendie qui aurait pu être contractée. Il en paiera, s'il y a lieu, à partir de la susdite entrée en jouissance, les primes et droits, de manière que les vendeurs ne puissent être aucunement poursuivis, inquiétés, ni recherchés.

ARTICLE 8

Droits d'Enregistrements et autres

L'adjudicataire acquittera en sus et sans diminution du prix principal, les droits d'enregistrement, le coût du jugement d'adjudication et les autres frais auxquels cette adjudication peut donner ouverture.

ARTICLE 9

Frais de poursuites et autres

L'adjudicataire paiera, en diminution de son prix, les frais faits pour parvenir à la vente des immeubles, selon la taxe faite en la manière accoutumée, ainsi que, eu égard au nombre des lots vendus, les vacations allouées aux avoués et aux huissiers par la loi du 2 juin 1841 et le tarif du 10 octobre même année.

Ce paiement aura lieu dans les dix jours de l'adjudication, entre les mains et sur la quittance de l'avoué poursuivant, au marc le franc des lots vendus.

Il paiera également, dans le même délai, entre les mains et sur la quittance de l'avoué poursuivant, et en sus de son prix, le montant de la remise proportionnelle accordée par la loi.

La grosse du jugement d'adjudication ne pourra être délivrée par le greffier du Tribunal, qu'après la justification de la quittance desdits frais, qui demeurera annexée au jugement d'adjudication.

ARTICLE 10

Levée et signification du Jugement d'adjudication

L'adjudicataire sera tenu de lever le jugement et de le faire signifier dans le mois de l'adjudication, à ses frais.

Faute par lui de satisfaire à cette condition dans le délai prescrit, les vendeurs pourront se faire délivrer la grosse du jugement d'adjudication, à ses frais, par le greffier du Tribunal, trois jours après une sommation, sans être obligés de remplir les formalités prescrites par la loi, pour parvenir à la délivrance d'une deuxième grosse.

Dans le cas où parmi les biens vendus il s'en trouverait d'un prix ne dépassant pas 1,000 francs, l'avoué de l'adjudicataire dont le prix ou les prix réunis atteindraient la plus forte somme lèvera une grosse ou une expédition collective, tant pour son client que pour les adjudicataires des lots n'excédant pas 1,000 francs, à moins que ceux-ci ne lui aient, dans un délai de quinzaine à partir du jour de l'adjudication, fait connaître leur intention de lever une expédition séparée.

Les frais de l'expédition collective et autres qui seront nécessaires, seront supportés entre tous les adjudicataires, au marc le franc de leurs prix respectifs.

ARTICLE 11

Transcription

Dans les trente-cinq jours de son adjudication, l'adjudicataire sera tenu, sous peine de folle-enchère, de faire transcrire, à ses frais, son jugement d'adjudication au bureau des hypothèques dans l'arrondissement duquel est situé l'immeuble mis en vente; et ce, afin d'assurer aux vendeurs, par l'inscription d'office, le privilège prévu par l'article 2108 du Code civil.

Dans les trois jours du dépôt de son jugement au bureau des hypothèques, l'adjudicataire sera tenu de notifier ce dépôt, à ses frais, par acte d'avoué à avoué, aux vendeurs et aux parties présentes à la vente.

A défaut d'accomplissement de cette dernière formalité dans le délai ci-dessus fixé, les vendeurs et autres intéressés présents à la vente, auront le droit de prendre, aux frais de l'adjudicataire, une inscription de privilège, si mieux ils n'aiment poursuivre la revente de l'immeuble dans les termes de l'article 20 ci-après.

La poursuite de folle-enchère, commencée dans les termes des stipulations qui précèdent, ne pourra être arrêtée que par la justification de la conservation du privilège du vendeur; dans tous les cas, les frais de la conservation de ce privilège seront à la charge de l'adjudicataire.

ARTICLE 12

Formalités en cas d'inscriptions

Si, sur la transcription, il survient des inscriptions du chef des vendeurs ou de leurs auteurs, l'adjudicataire devra en dénoncer l'état à l'avoué poursuivant, aux frais des vendeurs, par acte d'avoué à avoué, dans la quinzaine de la délivrance de cet état.

Les vendeurs auront, à compter de cette dénonciation, un délai de dix jours pour rapporter à l'adjudicataire le certificat de radiation de ces inscriptions.

Pendant ce délai, l'adjudicataire ne pourra faire aux créanciers les notifications prescrites par les articles 2183 et 2184 du Code Civil, à moins qu'il n'y soit contraint par les poursuites d'un créancier inscrit. Pendant ce même délai, il ne pourra non plus faire ni offres réelles, ni consignation, ni aucune diligence pour opérer sa libération.

Les inscriptions prises sur un ou plusieurs des vendeurs ne pourront empêcher le paiement des portions du prix afférentes aux vendeurs non grevés.

ARTICLE 13

Purge légale

L'adjudicataire aura un délai de quatre mois pour remplir, s'il le juge convenable, et à ses frais, les formalités nécessaires à l'effet de purger les hypothèques légales dont les biens pourraient être grevés.

Les vendeurs déclarent à cet effet, à titre de renseignement :

(*Déclarer si les vendeurs sont ou ont été mariés, ou tuteurs ;*
Indiquer les noms et demeures des femmes, des subrogés-tuteurs, ou des mineurs devenus majeurs.)

ARTICLE 14

Paiement du Prix

Après l'expiration du délai de quatre mois à partir du jour de son adjudication, l'adjudicataire, qu'il ait ou non rempli toutes les formalités ci-dessus indiquées, sera tenu de payer son prix en principal et intérêts, aux vendeurs, aux créanciers inscrits ou aux délégataires, sans pouvoir faire ce paiement par anticipation. Le paiement aura lieu dans le canton de la situation des immeubles, ou dans celui où se trouve la majeure partie des immeubles; néanmoins les frais de poursuite de l'ordre, pour lesquels collocation sera faite sur l'adjudicataire, seront payables par lui au domicile de l'avoué poursuivant.

Toute partie intéressée pourra, après le délai de quatre mois, faire ordonner la consignation des prix et des accessoires.

ARTICLE 15

Prohibition de détériorer les immeubles vendus

Avant le paiement intégral de son prix, l'adjudicataire ne pourra faire aucun changement notable, aucune démolition, coupe extraordinaire de bois, aucune modification dans le mode de culture des biens mis en vente, ni commettre enfin aucune dégradation dans lesdits biens, à peine d'être immédiatement contraint à la consignation de son prix, même par la voie de folle-enchère.

ARTICLE 16

Titres de Propriété

L'adjudicataire ne pourra exiger des vendeurs aucun titre de propriété des immeubles mis en vente. Quant à ceux dont il pourra avoir besoin, il demeurera subrogé dans les droits des précédents propriétaires pour s'en faire délivrer des expéditions ou extraits, à ses frais, sans aucun recours contre les vendeurs.

ARTICLE 17

Réception et taux des Enchères

Les enchères ne seront reçues, conformément à l'article 705 du Code de procédure civile, que par le ministère d'avoués; elles ne pourront être moindres de 5 francs jusqu'à 100 francs; de 10 francs depuis 100 francs jusqu'à 500 francs; de 25 francs depuis 500 francs jusqu'à 2,000 francs; de 50 francs depuis 2,000 francs jusqu'à 10,000 francs; et de 100 francs au-delà.

ARTICLE 18

Des Commands et des Coadjudicataires

Dans le cas où l'adjudicataire userait de la faculté de déclarer command, ceux qu'il se sera substitués en totalité seront obligés solidairement avec lui au paiement de la totalité du prix et à l'accomplissement des charges de l'enchère.

Si la déclaration de command n'est que partielle, le privilège, l'action résolutoire, la folle-enchère et tous autres droits réels des vendeurs, resteront indivisibles; mais le command ne sera tenu personnellement que jusqu'à concurrence du prix résultant de la déclaration partielle.

Les coadjudicataires seront obligés solidairement au paiement du prix et à l'exécution des conditions de l'adjudication.

ARTICLE 19

Election de domicile des Adjudicataires et attribution de juridiction

Le domicile de chaque adjudicataire sera irrévocablement élu pour tout ce qui concernera l'adjudication et ses suites, à Beauvais, en l'Étude de l'avoué par le ministère duquel il aura enchéri et se sera rendu adjudicataire, auquel domicile toutes significations et autres actes seront donnés, nonobstant décès, révocation et autres choses quelconques; et ce, jusqu'à l'exécution pleine et entière des clauses et conditions de l'adjudication, et le paiement du prix d'icelle. Cependant, le domicile pourra être changé par une nouvelle élection de domicile en l'Étude d'un autre avoué du Tribunal, mais ce changement ne pourra avoir lieu que par un dire fait au bas de l'enchère et n'aura d'effet que du jour où la déclaration en aura été faite aux vendeurs, au domicile de leur avoué.

Lesdites élections de domicile fixeront, entre les parties, les adjudicataires ou les ayants cause, le bureau de conciliation et la juridiction, de même que si lesdits domiciles étaient leurs véritables demeures.

Les vendeurs font élection de domicile pour l'exécution des clauses de l'adjudication, en l'Étude de M[e] ......, lequel est constitué et continuera d'occuper pour eux sur la poursuite de vente dont s'agit.

Aucune signification et même aucune offre réelle ne pourra être faite qu'à ce domicile. Cette élection de domicile sera attributive de juridiction comme celle des adjudicataires.

Article 20

Folle-Enchère

A défaut par l'adjudicataire d'exécuter l'une des clauses et conditions de l'adjudication, de payer son prix ou de faire la consignation prescrite par l'article 14 ci-dessus, les vendeurs pourront faire revendre les biens par folle-enchère, dans les formes prescrites par les articles 733 et suivants du Code de procédure civile.

Si le prix de la nouvelle adjudication est inférieur à ce qui sera dû alors en principal et intérêts sur le prix de la première, le fol-enchérisseur sera contraint au paiement de la différence en principal et intérêts, par toutes les voies de droit, conformément à l'article 740 du Code de procédure civile.

Dans le cas où le prix principal de la seconde adjudication serait supérieur à celui de la première, la différence appartiendra aux vendeurs et à leurs créanciers.

Dans aucun cas, le fol-enchérisseur ne pourra répéter, soit

contre le nouvel adjudicataire, soit contre les vendeurs, auxquels ils demeureront acquis à titre de dommages-intérêts, les frais de poursuite de vente, ni ceux d'enregistrement, de greffe et d'hypothèque qu'il aurait payés, et qui profiteront au nouvel adjudicataire, lequel n'aura, en conséquence, ni à les payer, ni à en tenir compte à personne.

L'adjudicataire sur folle-enchère devra les intérêts de son prix, du jour de l'adjudication à lui faite, sauf le recours des vendeurs contre le fol-enchérisseur, pour les intérêts courus dans l'intervalle de la première à la seconde adjudication.

Il devra faire transcrire son jugement d'adjudication dans les termes de l'article 11 du présent cahier des charges.

Aux effets ci-dessus, les vendeurs auront le droit de se faire délivrer, dans les formes prescrites par l'article 10 qui précède, et aux frais de l'adjudicataire fol-enchéri, une grosse du jugement d'adjudication, sans préjudice de toutes les autres voies d'exécution.

ARTICLE 21

Mises à prix

Outre les charges, clauses et conditions ci-dessus, les enchères seront reçues sur les sommes formant les mises à prix fixées par les vendeurs, savoir :

Pour l'article 1er, à....... , etc.

Fait et rédigé à Beauvais, le......., par Me......., avoué poursuivant.

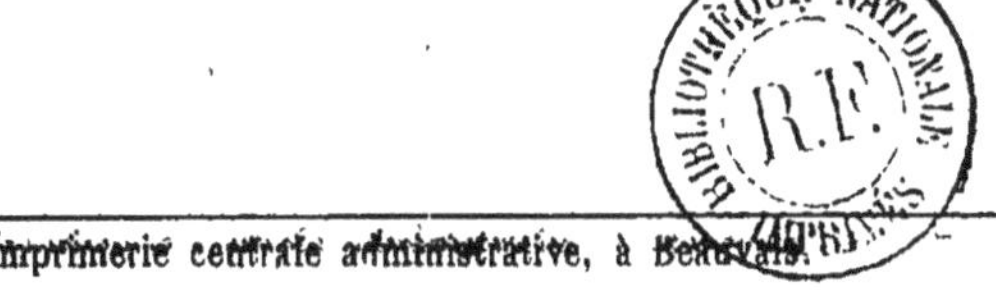

Imprimerie centrale administrative, à Beauvais.

www.ingramcontent.com/pod-product-compliance
Lightning Source LLC
Chambersburg PA
CBHW070747280326
41934CB00011B/2832
9782013765473